# "Pré-lectures"

## Présentation

## des

## lectures des dimanches

## Année A

BoD

# SOMMAIRE

Introduction .................................................................................. 1
*Note sur diverses fêtes et solennités* ......................................... 2
1° dimanche de l'Avent - A ........................................................ 3
2° dimanche de l'Avent - A ........................................................ 4
3° dimanche de l'Avent - A ........................................................ 5
4° dimanche de l'Avent - A ........................................................ 6
Noël messe de la nuit ................................................................ 7
Noël Messe du jour .................................................................... 8
Sainte Famille - A ...................................................................... 9
Sainte Marie, mère de Dieu ..................................................... 10
Epiphanie ................................................................................. 11
Baptême du Seigneur- A ......................................................... 12
2° dimanche du Temps ordinaire - A ...................................... 13
3° dimanche du Temps ordinaire - A ...................................... 14
Présentation du Seigneur ........................................................ 15
4° dimanche du Temps ordinaire - A ...................................... 16
5° dimanche du Temps ordinaire - A ...................................... 17
6° dimanche du Temps ordinaire - A ...................................... 18
7° dimanche du Temps ordinaire - A ...................................... 19
Cendres ..................................................................................... 20
1° dimanche de Carême - A ..................................................... 21
2° dimanche de Carême - A ..................................................... 22
3° dimanche de Carême - A ..................................................... 23
4° dimanche de Carême - A ..................................................... 24
5° dimanche de Carême - A ..................................................... 25
Rameaux - A ............................................................................. 26
Jeudi saint ................................................................................. 27
Vendredi saint .......................................................................... 28
Vigile pascale - A ...................................................................... 29
Vigile pascale (suite) ................................................................ 30
Jour de Pâques - A ................................................................... 31
2° dimanche de Pâques - A ..................................................... 32
3° dimanche de Pâques - A ..................................................... 33
4 ° dimanche de Pâques - A .................................................... 34
5° dimanche de Pâques - A ..................................................... 35
6° dimanche de Pâques - A ..................................................... 36

Ascension du Seigneur - A .................................................................. 37
7° dimanche de Pâques - A ................................................................. 38
Pentecôte - A ...................................................................................... 39
La Sainte Trinité - A ........................................................................... 40
Le Corps et le Sang du Christ - A ...................................................... 41
11° dimanche - A ................................................................................ 42
12° dimanche - A ................................................................................ 43
13° dimanche - A ................................................................................ 44
14° dimanche - A ................................................................................ 45
15° dimanche - A ................................................................................ 46
16° dimanche - A ................................................................................ 47
17° dimanche - A ................................................................................ 48
18° dimanche - A ................................................................................ 49
Transfiguration du Seigneur - A ....................................................... 50
19° dimanche - A ................................................................................ 51
Assomption de la Vierge Marie ......................................................... 52
20° dimanche - A ................................................................................ 53
21° dimanche - A ................................................................................ 54
22° dimanche - A ................................................................................ 55
23° dimanche - A ................................................................................ 56
24° dimanche - A ................................................................................ 57
25° dimanche - A ................................................................................ 58
26° dimanche - A ................................................................................ 59
27° dimanche - A ................................................................................ 60
28° dimanche - A ................................................................................ 61
29° dimanche - A ................................................................................ 62
30° dimanche - A ................................................................................ 63
Tous les Saints .................................................................................... 64
31° dimanche - A ................................................................................ 65
32° dimanche - A ................................................................................ 66
33° dimanche - A ................................................................................ 67
Le Christ Roi de l'Univers - A ............................................................ 68
*Version électronique de ce livre* ..................................................... 69
*Version web* ..................................................................................... 69
*Exemple d'insertion partielle dans une feuille de l'assemblée* ... 70

# Introduction

"Pré-Lectures" est basé sur une idée simple: mettre à la disposition des paroisses et des chrétiens intéressés *de brefs textes d'introduction aux lectures des messes des dimanches*, pouvant être utilisés entièrement ou par extraits, ou être modifiés, pour être lus lors de l'eucharistie, ou insérés dans la feuille de messe ou la feuille paroissiale.

Ce fascicule propose des introductions correspondant aux lectures des dimanches de l'année B.

Le texte a été conçu de façon à permettre une lecture publique claire.

**Ces textes sont également disponibles sur Internet** à la fois sous forme pdf (consultable en ligne) et sous forme texte, facilement insérable et modifiable.
Voir *http://www.plestang.com/pre-lectures.php*.

Les observations peuvent être faites sur le blog de Ph.Lestang, en
*http://www.plestang.com/blog/2017/pre-lectures*.


Faut-il le rappeler? Les "lectures" à la messe sont des **proclamations de la parole.** Chaque mot doit être prononcé lentement, et fort ! Il en va de même - bien qu'il ne s'agisse pas de la Parole elle-même - des "pré-lectures" proposées ici: si on prend le temps, en les lisant publiquement, de s'arrêter sur chaque mot, elles prendront bien davantage de sens.

# Note sur diverses fêtes et solennités

**La fête de la Sainte Famille** est célébrée le dimanche qui suit Noël, sauf si Noël est un dimanche, auquel cas elle est célébrée le vendredi 30.

**L'Epiphanie** est fêtée le premier dimanche de janvier, sauf si ce dimanche est le 1° janvier (solennité de Sainte Marie, mère de Dieu), auquel cas l'Epiphanie est reportée au dimanche 8 janvier.

**Le Baptême du Christ** est fêté le deuxième dimanche de janvier sauf si Noël est un dimanche ou un lundi, auquel cas ce Baptême est fêté le lundi suivant l'Epiphanie

**Le deuxième dimanche de janvier** est *en général* la fête du Baptême du Christ, sauf si Noël est un dimanche ou un lundi, auquel cas le Baptême du Christ est fêté - avec une seule lecture - le lundi suivant l'Epiphanie (toujours fêtée le premier dimanche de janvier). Dans ces cas le deuxième dimanche de janvier est le *2° dimanche du temps ordinaire.*

Lorsque **le 2 février (Présentation du Seigneur au Temple)** est un dimanche, c'est cette fête qui est célébrée, à la place du dimanche ordinaire (notamment en 2020).

Lorsque **l'Annonciation (25 mars)** tombe pendant la Semaine Sainte, sa célébration est reportée au lundi suivant le 2° dimanche de Pâques. Si elle tombe un dimanche de Carême elle est reportée au lendemain.

Lorsque la **Nativité de Saint Jean-Baptiste (24 juin)** tombe un dimanche, c'est elle qui est célébrée, à la place du dimanche ordinaire (notamment en 2018).

De même la **fête de Saint Pierre et Saint Paul (29 juin)**, la **Transfiguration (6 août)**, de même la solennité de **l'Assomption (15 août)**, la **fête de la Croix glorieuse (14 septembre)**, la **fête de tous les saints (1° novembre)**, la **Commémoration de tous les fidèles défunts (2 novembre)** et la **Dédicace de la Basilique du Latran (9 novembre)**.

# 1° dimanche de l'Avent - A

1° décembre 2019 - 27 Novembre 2022

Is 2     Montons à la montagne du Seigneur !
Rm 13    L'heure est venue de sortir de votre sommeil
Mt 24     Tenez-vous prêts !
*Ps 121*    *Notre marche prend fin devant tes portes, Jérusalem*

Le prophète Isaïe annonce qu'un jour toutes les nations afflueront vers Jérusalem, et ce sera la paix. Dieu sera juge entre les peuples.

Rejetons les oeuvres des ténèbres, nous dit Saint Paul. La nuit est bientôt finie; le disciple est déjà dans la lumière. Conduisons-nous honnêtement.

Jésus parle de son retour glorieux à la fin du monde: "C'est à l'heure où vous n'y penserez pas que le Fils de l'homme viendra."

# 2° dimanche de l'Avent - A

8 décembre 2019 - 4 décembre 2022

    Is 11    Un rameau sortira de la souche de Jessé
    Rm 15  Accueillez-vous les uns les autres
    Mt 3    Le royaume des cieux est tout proche
    *Ps 71*  *Qu'il gouverne ton peuple avec justice*

Isaïe annonce la venue d'un nouveau roi, descendant de David, roi sur lequel reposeront tous les dons de l'Esprit. La connaissance du Seigneur remplira le pays, ainsi que la paix. Le loup habitera avec l'agneau. Il n'y aura plus de mal, plus de corruption.

Rendez gloire à Dieu d'un seul coeur et d'une seule voix, nous dit Saint Paul. Que vous soyez juifs ou non-juifs, accueillez-vous les uns les autres.

Jean-Baptiste annonce que le royaume des cieux est tout proche: "Il vient derrière moi, celui qui vous baptisera dans l'Esprit Saint et le feu."

# 3° dimanche de l'Avent - A

15 décembre 2019 - 11 décembre 2022

Is 35    Le boiteux bondira comme un cerf
Jc 5    Prenez patience !
Mt 11    Es-tu celui qui doit venir?
*Ps 145 Le Seigneur ouvre les yeux des aveugles*

Isaïe prophétise la restauration d'Israël: les aveugles verront; les sourds entendront; les boiteux bondiront. Jésus reprend ces termes dans l'évangile d'aujourd'hui.

Saint Jacques nous parle du retour du Seigneur: le juge est à notre porte, tenez ferme! Mais aussi prenez patience, en prenant pour modèle les prophètes.

Jean-Baptiste est en prison. Ses disciples interrogent Jésus: "Es-tu celui qui doit venir?" Jésus énumère alors ce qu'il fait: les aveugles retrouvent la vue; les morts ressuscitent, ...

# 4° dimanche de l'Avent - A

22 décembre 2019 - 18 décembre 2022

    Is 7    Le Seigneur vous donnera un signe
    Rm 1  Amener à l'obéissance de la foi toutes les nations
    Mt 1   Ne crains pas de prendre Marie
    *Ps 23*  *Qui peut gravir la montagne du Seigneur*

Isaïe transmet une parole de Dieu au roi Akhaz : "Demande un signe!" Le roi refuse. Et Isaïe annonce: "Une vierge concevra, et enfantera un fils. On l'appellera Emmanuel, Dieu avec nous."

Paul, dans le début de la lettre aux Romains, dit qu'il a reçu la mission d'amener à la foi toutes les nations. Nous sommes tous appelés à être saints.

Un ange apparaît à Joseph en songe. Il lui dit que l'enfant que porte Marie vient de l'Esprit Saint. A son réveil, Joseph prend Marie chez lui.

# Noël messe de la nuit

### 24 décembre

| | |
|---|---|
| Is 9,1-6 | Le peuple qui marchait dans les ténèbres... |
| Tt 2,11-14 | La grâce de Dieu s'est manifestée |
| Lc 2,1-14 | Elle mit au monde son fils |
| *Ps. 95* | *Les arbres des forêts dansent de joie* |

Le prophète Isaïe, dans une vision, annonce la venue d'un descendant de David, le Messie attendu. Il sera le Prince de la paix; son règne sera basé sur le droit et sur la justice.

Saint Paul, dans sa lettre à Tite, explique que Dieu s'est donné à nous, en Jésus, pour faire de nous son peuple, et que la grâce de Dieu s'est manifestée pour le salut de tous les hommes.

Dans l'évangile, Joseph et Marie se rendent à Bethléem, en Judée, pour le recensement. Jésus naît dans une étable, et Marie le couche dans une mangeoire. Un ange apparaît aux bergers des environs et leur annonce la grande nouvelle. Une troupe céleste innombrable apparaît et proclame les louanges de Dieu: "Gloire à Dieu au plus haut des cieux!"

# Noël Messe du jour

### 25 décembre

| | |
|---|---|
| Is 52 | Ils voient le Seigneur qui revient à Sion |
| He 1 | Tu es mon Fils, aujourd'hui je t'ai engendré. |
| Jn 1,1-18 | Au commencement était le Verbe. |
| *Ps 97* | *Le Seigneur a fait connaître sa victoire.* |

Dans la première lecture, Isaïe décrit des messagers qui apportent une bonne nouvelle, et des guetteurs qui voient le Seigneur venir à Sion. Tous crient de joie, et même les lointains de la terre découvrent le salut apporté par notre Dieu.

La lettre aux Hébreux rappelle que Dieu a parlé d'abord par les prophètes, puis par Jésus. Jésus est l'expression parfaite de Dieu et rayonne de sa gloire. Le texte cite le psaume 2, qui dit: "Aujourd'hui, je t'ai engendré". Jésus est le Fils unique de Dieu, bien supérieur aux anges.

L'évangile est le prologue de Jean: Jésus est le "Verbe de Dieu"; il est la Parole de Dieu, incarnée en un homme. Il est la lumière qui éclaire tous les hommes. "Il est venu chez les siens, et les siens ne l'ont pas reçu".

## Sainte Famille - A

29 décembre 2019

Si 3    Soutiens ton Père dans sa vieillesse
Col 3   Que règne la paix du Christ
Mt 2    Prends l'enfant, et fuis en Egypte
*Ps 127  Heureux les habitants de ta maison, Seigneur*

Honore ton père et ta mère, nous dit le livre de Ben Sira le Sage. Celui qui agit ainsi est comme celui qui amasse un trésor. Il obtiendra le pardon de ses péchés.

Supportez-vous les uns les autres, nous dit Saint Paul. Que la parole du Christ habite en vous dans toute sa richesse. Et que règne dans vos coeurs la paix du Christ.

Un ange apparaît en songe à Joseph: "Prends l'enfant et sa mère, et fuis en Egypte, car Hérode va rechercher l'enfant".

# Sainte Marie, mère de Dieu

1° janvier

| | |
|---|---|
| Nb 6,22 | "Que le Seigneur te bénisse et te garde" |
| Gal 4 | Dieu a envoyé son fils, né d'une femme |
| Luc 2 | Le 8° jour l'enfant reçut le nom de Jésus |
| *Ps 66* | *Dieu, notre Dieu, nous bénit* |

L'extrait du livre des Nombres comporte une bénédiction célèbre que les chrétiens peuvent utiliser comme les juifs: "Que le Seigneur te bénisse et te garde; qu'il fasse sur toi rayonner son visage".

Saint Paul explique, dans la lettre aux Galates, que Dieu nous a tous adoptés comme ses fils; il a mis dans nos coeurs l'Esprit de son fils.

L'évangile nous montre les bergers découvrant le nouveau-né, couché dans une mangeoire. Et Marie retient ces événements dans son coeur.

# Epiphanie

5 janvier 2020 - 8 janvier 2023

Is 60 Les nations marcheront vers ta lumière
Ep 3 Toutes les nations sont associées au même héritage
Mt 2 Où est le roi des Juifs qui vient de naître?
*Ps 71 Tous les rois se prosterneront devant lui*

Isaïe décrit la ville de Jérusalem devenant lumière pour toutes les nations. Les ténèbres couvrent la terre, mais la gloire du Seigneur se lève. On annoncera les exploits du Seigneur.

La lettre aux Éphésiens expose le plan de Dieu, le "mystère" que Jésus nous a fait connaître: c'est que toutes les nations sont associées au même héritage, et vont faire partie d'un même corps, dans le Christ Jésus.

Des sages arrivent à Jérusalem, venant d'Orient. Ils veulent voir le futur roi qui vient de naître. Les scribes et les grands prêtres sont consultés par Hérode. Ils disent que c'est de Bethléem que sortira "le berger qui conduira Israël". Les sages vont alors à Bethléem.

# Baptême du Seigneur - A

12 janvier 2020

    Is 42    Voici mon serviteur, qui a toute ma faveur
    Ac 10   Dieu lui a donné l'onction de l'Esprit-Saint
    Mt 3    L'Esprit de Dieu vint sur lui comme une colombe
    *Ps 28*  *Le Seigneur bénit son peuple*

Le prophète Isaïe parle à plusieurs reprises d'un "serviteur", dans lequel les chrétiens voient une annonce du Christ: l'Esprit de Dieu repose sur lui; il est la lumière des nations.

Dans les Actes des Apôtres, Pierre va chez le centurion Corneille, et expose ce qu'a été l'action de Jésus-Christ, "lui qui est le Seigneur de tous".

Jésus vient trouver Jean-Baptiste, pour être baptisé par lui. Et voici que les cieux s'ouvrent; l'Esprit de Dieu descend comme une colombe, et vient sur Lui.

# 2° dimanche du Temps ordinaire - A

19 janvier 2020 - 15 janvier 2023

Is 49   Je fais de toi la lumière des Nations
1 Co 1  A vous la grâce et la paix
Jn 1    Voici l'Agneau de Dieu
*Ps 39  J'ai dit "Voici, je viens"*

Par la bouche du prophète Isaïe, Dieu s'adresse au peuple d'Israël, mais aussi à un mystérieux "serviteur", dans lequel les chrétiens voient le Christ. Dieu lui dit: "Je fais de toi la lumière des nations".

La première lettre de Saint Paul aux Corinthiens commence, selon l'usage, par une salutation adressée aux destinataires: Paul leur rappelle qu'ils sont appelés à être saints, en lien avec tous ceux qui invoquent le nom de Jésus.

Jean-Baptiste parle de Jésus à ses disciples: "Voici l'Agneau de Dieu!" Et il ajoute: "J'ai vu l'Esprit descendre du ciel sur lui. C'est lui le Fils de Dieu."

# 3° dimanche du Temps ordinaire - A

26 janvier 2020 - 22 janvier 2023

| | |
|---|---|
| Is 8-9 | Le peuple a vu se lever une grande lumière |
| 1 Co 10 | Le Christ est-il divisé? |
| Mt 4 | Jésus commence à proclamer: "Convertissez-vous!" |
| Ps 26 | *Le Seigneur est ma lumière et mon salut* |

Isaïe annonce la libération du peuple d'Israël, qui peut se réjouir, car il est brisé, le pouvoir du tyran étranger qui l'opprimait.

Saint Paul exhorte les chrétiens de Corinthe à ne pas être divisés entre eux. Certains en effet prennent position pour un prédicateur nommé Apollos; d'autres pour Pierre, etc. Paul demande: "Le Christ est-il divisé? Est-ce au nom de Paul que vous avez été baptisés?"

Saint Matthieu raconte le début de la mission de Jésus, en Galilée. Il cite à ce propos le texte d'Isaïe, entendu en première lecture: "Le peuple qui habitait dans les ténèbres a vu une grande lumière".

# Présentation du Seigneur

2 février 2020

Ml 3     Qui pourra soutenir le jour de sa venue?
He 2     Il lui fallait se rendre semblable à ses frères
Lc 2     Mes yeux ont vu le salut que tu préparais
*Ps 23     Qu'il entre, le roi de gloire!*

En ce jour de la présentation de Jésus au Temple, le prophète Malachie annonce la venue du Seigneur "dans son temple". "Qui pourra rester debout, quand il se montrera?"

La lettre aux Hébreux dit que Jésus s'est rendu, en tout, semblable à ses frères les hommes. Par sa mort, il nous a rendus libres. Et il est devenu un grand prêtre miséricordieux, qui enlève nos péchés.

Marie et Joseph montent au Temple avec l'enfant Jésus, offrir un sacrifice. Un homme nommé Syméon, sous l'action de l'Esprit Saint, reconnaît en Jésus le Messie attendu.

# 4° dimanche du Temps ordinaire - A

29 janvier 2023

So 2-3    Ils pourront paître et se reposer
1 Co 1    Ce qu'il y a de fou dans le monde ...
Mt 5      Les Béatitudes
*Ps 145   Le Seigneur aime les justes*

"Cherchez le Seigneur" nous dit le prophète Sophonie. Prenez pour abri le nom du Seigneur, et vous pourrez vous reposer.

Le Seigneur, nous dit Saint Paul, a choisi comme disciples ceux qui sont faibles, modestes, méprisés; et non pas ceux qui sont puissants, ou sages aux yeux du monde. C'est Jésus, le Christ, qui est notre sagesse.

Jésus enseigne ses disciples; il leur dit: "Heureux les pauvres de coeur. Heureux les artisans de paix. Réjouissez-vous si on vous insulte": les Béatitudes.

# 5° dimanche du Temps ordinaire - A

9 février 2020 - 5 février 2023

Is 58   Ta lumière jaillira comme l'aurore
1 Co 2  Je n'ai voulu connaître que Jésus-Christ
Mt 5    Vous êtes le sel de la terre
*Ps 111  L'homme de bien a pitié, il partage*

"Accueille chez toi les pauvres", nous dit le prophète Isaïe. "Ne te dérobe pas à ton semblable. Donne à celui qui a faim. Alors, si tu appelles, le Seigneur répondra."

"Quand je suis venu chez vous", dit Saint Paul aux Corinthiens, "je me suis présenté devant vous craintif et tremblant! Mais l'Esprit-Saint et sa puissance se sont manifestés: pour que votre foi repose, non sur la sagesse des hommes, mais sur la puissance de Dieu".

"Vous êtes le sel de la terre" nous dit Jésus. "Vous êtes la lumière du monde. Que votre lumière brille devant les hommes, et qu'ils voient ce que vous faites de bien!"

# 6° dimanche du Temps ordinaire - A

16 février 2020 - 12 février 2023

    Si 15    Il dépend de ton choix de rester fidèle
    1 Co 2   Nous parlons de la sagesse du mystère de Dieu
    Mt 5    Que votre "oui" soit "oui"
    *Ps 118*  *Enseigne-moi, Seigneur, le chemin de tes ordres*

"Si tu le veux", nous dit Ben Sira le Sage, "tu peux observer les commandements. La vie et la mort sont proposées aux hommes. La sagesse du Seigneur est grande, et il voit tout."

La sagesse dont nous parlons, écrit Saint Paul, ce n'est pas la sagesse de ce monde: c'est la sagesse de Dieu; sagesse cachée, que l'Esprit-Saint nous révèle, et que le monde ne connaît pas.

"Tout homme qui se met en colère contre son frère, nous dit Jésus, mérite de passer en jugement. Et tout homme qui regarde une femme avec convoitise a déjà commis dans son coeur l'adultère avec elle."

# 7° dimanche du Temps ordinaire - A

23 février 2020 - 19 février 2023

Lv 19    Soyez saints car je suis saint
1 Co 3    Tout est à vous, mais vous êtes au Christ
Mt 5    Aimez vos ennemis
*Ps 102    Le Seigneur est tendresse et pitié*

Le Seigneur dit à Moïse: "Tu aimeras ton prochain comme toi-même". Et il lui dit aussi: "Soyez saints; car je suis saint, moi, le Seigneur, votre Dieu."

"La sagesse de ce monde est folie devant Dieu", nous dit Saint Paul. "Les raisonnements des sages ne valent rien! Il ne faut pas mettre sa fierté dans tel ou tel homme."

"Soyez parfaits!" nous dit Jésus. "Aimez vos ennemis! Et priez pour ceux qui vous persécutent!" "Vous serez ainsi les fils de votre Père des cieux."

# Cendres

26 février 2020  -  22 février 2023

|  |  |
|---|---|
| Joël 2 | Déchirez vos coeurs et non pas vos vêtements |
| 2 Co 5 | Laissez-vous réconcilier avec Dieu |
| Mt 6 | Quand vous jeûnez, ne prenez pas un air abattu |
| *Ps 50* | *Ce qui est mal à tes yeux je l'ai fait* |

Le prophète Joël nous appelle à la pénitence: "Revenez au Seigneur votre Dieu! Pratiquez le jeûne!" Dieu est lent à la colère, et plein d'amour.

Saint Paul nous demande de nous réconcilier avec Dieu. C'est maintenant le moment favorable. C'est aujourd'hui le jour du salut.

Jésus nous invite à prier dans le secret de notre chambre; à faire l'aumône, mais discrètement. A jeûner aussi, discrètement, sans que cela se voie sur notre visage.

# 1° dimanche de Carême - A

1° mars 2020 - 26 février 2023

|  |  |
|---|---|
| Gn 2-3 | Le serpent était le plus rusé de tous les animaux |
| Rm 5 | La multitude sera rendue juste |
| Mt 4 | Le tentateur s'approcha |
| *Ps 50* | *Oui, je connais mon péché* |

La Genèse raconte l'histoire d'Adam et d'Eve, tentés par l'arbre de la connaissance du bien et du mal. Eve croit le serpent, qui lui dit que le fruit de cet arbre rend semblable aux dieux. Après en avoir mangé, ils comprennent qu'ils sont nus...

Saint Paul nous dit que la mort est liée au péché. Mais Jésus, par son obéissance, conduit tous les hommes à la vie.

Jésus est tenté par le diable. Il refuse de transformer les pierres en pain, ou de dominer le monde; il répond à Satan par des phrases de l'Ecriture.

## 2° dimanche de Carême - A

8 mars 2020 - 5 mars 2023

| | |
|---|---|
| Gn 12 | Le Seigneur dit à Abram: "Quitte ton pays!" |
| 2 Tm 1 | Notre Sauveur, le Christ Jésus, s'est manifesté |
| Mt 17 | La transfiguration |
| *Ps 32* | *Nous attendons notre vie du Seigneur* |

Abraham quitte son pays et sa parenté, comme Dieu le lui demande. Il part vers le pays que Dieu lui montrera. Son neveu Loth part avec lui.

Dieu nous appelle à une vocation sainte, par l'annonce de l'évangile. Jésus a détruit la mort, et fait resplendir la vie et l'immortalité.

Jésus monte sur une haute montagne, avec Pierre, Jacques et Jean. Il est transfiguré devant eux, devenant brillant comme le soleil. Moïse et Elie apparaissent, s'entretenant avec lui.

# 3° dimanche de Carême - A

15 mars 2020 - 12 mars 2023

    Ex 17    Tu frapperas le rocher, et il en sortira de l'eau
    Rm 5    L'amour de Dieu a été répandu dans nos coeurs
    Jn 4     Jésus et la femme de Samarie
    *Ps 94*   *Adorons le Seigneur qui nous a faits*

Au désert, le peuple d'Israël meurt de soif, et crie contre Moïse. Le Seigneur dit à celui-ci: "Prends ton bâton, et frappe le rocher; il en sortira de l'eau!"

"Nous sommes en paix avec Dieu", nous dit Saint Paul. "Son amour a été répandu dans nos coeurs par l'Esprit Saint. La preuve que Dieu nous aime, c'est que le Christ est mort pour nous."

Jésus fait halte en Samarie, auprès d'un puits. Il parle avec une femme du pays. "Si tu savais le don de Dieu", lui dit-il, "tu m'aurais demandé à boire". "L'eau que je donnerai deviendra une source, jaillissant en vie éternelle."

# 4° dimanche de Carême - A

22 mars 2020 - 19 mars 2023

    1 S 16    Samuel donne l'onction à David
    Eph 5    Conduisez-vous en enfants de lumière
    Jn 9    L'aveugle-né
    *Ps 22*    *Le Seigneur est mon berger*

Dieu a demandé à Samuel de se rendre chez Jessé, à Bethléem, pour donner l'onction à un nouveau roi: "Ne considère pas l'apparence, ni la haute taille" dit Dieu à Samuel. C'est David, le plus jeune fils, que Dieu a choisi.

"Sachez reconnaître ce qui plaît au Seigneur", nous dit la lettre aux Ephésiens. Vous êtes des enfants de lumière. La lumière a pour fruit tout ce qui est bonté, justice et vérité.

La guérison de l'aveugle-né est un des plus beaux passages de l'évangile de Jean (1). A l'époque de Jésus, beaucoup sont convaincus que la maladie est la conséquence du péché. En plus, Jésus a guéri un jour de sabbat! Les pharisiens sont divisés.

---

*(1) Une lecture "brève" est possible, mais elle supprime des phrases essentielles, et notamment la conclusion: "Vous dites 'Nous voyons': votre péché demeure".*

## 5° dimanche de Carême - A

29 mars 2020 - 26 mars 2023

Ez 37    Je vais ouvrir vos tombeaux
Rm 8    Vous n'êtes pas sous l'emprise de la chair
Jn 11    La résurrection de Lazare
*Ps 129    Des profondeurs, je crie vers toi !*

"J'ouvrirai vos tombeaux" dit le Seigneur, par le prophète Ezéchiel. "Je mettrai en vous mon esprit, et vous vivrez!"

"L'esprit de Dieu habite en vous", nous dit Saint Paul, dans la lettre aux Romains. "Il vous fait vivre! Vous n'êtes pas sous l'emprise de la chair."

Lazare, l'ami de Jésus, et le frère de Marthe et de Marie, est mort. Jésus dit à Marthe: "Ton frère ressuscitera". Puis il va au tombeau, et crie "Lazare, viens dehors!"

# Rameaux - A

5 avril 2020 - 2 avril 2023

| | |
|---|---|
| Mt 21 | Allez au village: vous y trouverez une ânesse |
| Is 50 | J'ai présenté mon dos à ceux qui me frappaient |
| Ph 2 | Le Christ s'est fait obéissant jusqu'à la mort |
| Mt 26-27 | Lecture de la Passion selon Saint Matthieu |
| *Ps 21* | *Il comptait sur le Seigneur: qu'il le délivre !* |

Jésus envoie deux disciples chercher une ânesse et son ânon, sur lesquels il entre dans Jérusalem.

Le prophète Isaïe décrit sa situation de messager de Dieu: il ne se révolte pas contre les outrages et les crachats; il présente son dos à ceux qui le frappent. Il sait que Dieu vient à son secours.

Paul, dans un hymne célèbre, décrit le parcours de Jésus, venant sur la terre, où il prend la condition du serviteur, jusqu'à sa mort sur la croix. Dieu l'a alors élevé, afin que tous proclament: Jésus est Seigneur.

La Passion de notre Seigneur Jésus-Christ selon Saint Matthieu.

—

# Jeudi saint

9 avril 2020 -- 6 avril 2023

Ex 12   On immolera l'agneau au coucher du soleil
1 Co 11   Le Seigneur prit du pain et le rompit
Jn 13   Il se mit à laver les pieds de ses disciples
*Ps 115   J'élèverai la coupe du salut*

Moïse s'adresse aux Israëlites en Egypte. Il leur demande de prendre un agneau par famille, de l'immoler au coucher du soleil, et de mettre du sang de l'agneau au dessus de leur porte et sur les côtés. L'ange du Seigneur traversera le pays d'Egypte cette nuit là: le sang de l'agneau sauvera les Hébreux.

Saint Paul raconte l'institution de l'Eucharistie telle qu'il l'a lui-même reçue; le Seigneur prit du pain, le rompit et dit: "Ceci est mon corps, faites ceci en mémoire de moi". Il fit de même avec la coupe.

L'évangile de Jean ne parle pas de l'institution de l'eucharistie. A la place il raconte comment Jésus a lavé les pieds de ses disciples, avant d'entrer dans sa passion.

# Vendredi saint

10 avril 2020 - 7 avril 2023

| | |
|---|---|
| Is 52 | Comme un agneau conduit à l'abattoir |
| He 4-5 | Il est devenu la cause du salut éternel |
| Jn 18-19 | La Passion selon Saint Jean |
| *Ps 30* | *Entre tes mains je remets mon esprit* |

Isaïe décrit un personnage mystérieux, souffrant: le serviteur du Seigneur : "C'est à cause de nos fautes qu'il a été broyé; le châtiment qui nous donne la paix a pesé sur lui. Il portait le péché des multitudes". Pourtant, dit Isaïe, il sera exalté.

En Jésus, dit l'auteur de la lettre aux Hébreux, nous avons un grand prêtre qui a été éprouvé en toutes choses, et qui peut compatir à nos faiblesses. Il nous donne le salut éternel.

La Passion de notre Seigneur Jésus-Christ selon Saint Jean.

## Vigile pascale - A

11 avril 2020 - 8 avril 2023

| | | |
|---|---|---|
| 1. | Gn 1 | Récit de la création |
| 2. | Gn 22 | Le sacrifice d'Isaac |
| 3. | Ex 14 | Le passage de la Mer rouge |
| 4. | Is 54 | Rejette-t-on la femme de sa jeunesse? |
| 5. | Is 55 | Cherchez le Seigneur tant qu'il se laisse trouver |
| 6. | Ba 3 | Reviens, Jacob, marche vers la splendeur ! |
| 7. | Ez 36 | Je vous donnerai un coeur nouveau |
| | Rm 6 | Ressucité d'entre les morts, le Christ ne meurt plus |
| | Mt 28 | Les femmes au tombeau |
| | *Ps 117* | *Eternel est son amour !* |

L1 - Le livre de la Genèse décrit la création du monde en sept jours. Le sixième jour, Dieu crée l'homme à son image, et dit: "Cela est très bon".

L2 - Abraham est mis à l'épreuve par Dieu, qui lui demande de sacrifier son fils Isaac. Mais alors qu'il a le couteau en main, l'ange du Seigneur l'arrête: "Je sais maintenant que tu obéis vraiment à Dieu".

L3 - Le Seigneur dit à Moïse d'étendre son bâton sur la mer, et les flots s'écartent: les fils d'Israël traversent la mer à pied sec. Les chars des Egyptiens, eux, s'embourbent, et l'eau revient les recouvrir. Le Seigneur a libéré son peuple.

L4 - Dieu dit à Israël par la bouche du prophète Isaïe: "Même si les montagnes étaient ébranlées, ma tendresse pour mon peuple demeurera pour toujours".

.. / ..

# Vigile pascale (suite)

L5 - Ecoutez-moi dit le Seigneur, et vous vivrez. Mes pensées ne sont pas vos pensées. Que le méchant abandonne son chemin! Comme la pluie descend abreuver la terre, de même ma Parole: elle ne me reviendra pas sans avoir accompli sa mission.

L6 - "La sagesse est apparue parmi les hommes", dit le livre de Baruc, "tous ceux qui l'observent vivront." Israël avait abandonné la source de la sagesse: "Reviens, lui dit Baruc, marche à sa lumière!"

L7 - Dieu dit à son peuple par la bouche d'Ezékiel: "Je répandrai sur vous une eau pure; je mettrai en vous un esprit nouveau, afin que vous marchiez selon mes lois".

Ep - Nous sommes, nous dit Saint Paul, unis au Christ par le baptême; nous ne sommes plus esclaves du péché; Dieu nous appelle à une vie nouvelle.

Ev - De bon matin les femmes vont au tombeau. Voici que la terre tremble; un ange fait rouler la pierre, et leur dit: "Il est ressuscité". Alors Jésus, lui-même, vient à leur rencontre.

# Jour de Pâques - A

12 avril 2020 - 9 avril 2023

| | |
|---|---|
| Ac 10 | Dieu l'a ressuscité le 3° jour ! |
| Col 3 | Recherchez les réalités d'en haut |
| ou 1 Co 5 | Purifiez-vous des vieux ferments |
| Jn 20 | Pierre aperçoit les linges (1) |
| *Ps 117* | *C'est là l'oeuvre du Seigneur !* |

Saint Pierre, après la Pentecôte, entre chez un centurion romain nommé Corneille. Il lui parle du Christ, mort et ressuscité: "Nous avons mangé et bu avec lui après sa résurrection!"

L1   Saint Paul demande aux Colossiens de rechercher les réalités d'en haut, et non pas celles de la terre. Car nous sommes ressuscités avec le Christ.

ou L2   Notre agneau pascal, dit Saint Paul, a été immolé. Les chrétiens doivent être le pain de la nouvelle Pâque, fait de droiture et de vérité.

Prévenus par Marie Madeleine, Pierre et un autre disciple courent au tombeau et y entrent: les linges sont posés à plat; le suaire est roulé à part.

---

*(1) Ou évangile de la nuit: Mt 28*

## 2° dimanche de Pâques - A
### La divine miséricorde

19 avril 2020 - 16 avril 2023

    Ac 2    Les croyants vivaient ensemble
    1 P 1   Vous l'aimez sans l'avoir vu
    Jn 20  Jésus dit à Thomas: "Avance ton doigt ici !"
    *Ps 117 Eternel est son amour !*

Les Actes des Apôtres décrivent la première communauté chrétienne, peu après la Pentecôte. Elle est unie dans une communion fraternelle et partage tous ses biens. Le nombre des croyants augmente chaque jour.

"Vous exultez de joie", dit Saint Pierre dans sa lettre aux premiers chrétiens. "Vous aimez Jésus sans l'avoir vu; vous mettez votre foi en lui. Vous espérez l'héritage qui vous est réservé dans les cieux."

L'apôtre Thomas n'était pas présent lors de la première apparition de Jésus aux disciples. Il disait: "Si je ne mets pas la main dans son côté, je ne croirai pas". Jésus vient à nouveau; il invite Thomas à le toucher. Celui-ci dit alors: "Mon Seigneur, et mon Dieu!" "Heureux ceux qui croient sans avoir vu!" répond Jésus.

# 3° dimanche de Pâques - A

26 avril 2020 - 23 avril 2023

| | |
|---|---|
| Ac 2 | Ce Jésus, Dieu l'a ressuscité |
| 1 P 1 | Vous mettez votre foi et votre espérance en Dieu |
| Lc 24 | Les disciples d'Emmaüs |
| *Ps 15* | *J'ai fait de toi mon refuge* |

Saint Pierre, le jour de la Pentecôte, s'adresse à la foule qui s'est rassemblée. "Jésus, que vous avez supprimé en le clouant sur la croix, Dieu l'a ressuscité, nous en sommes témoins; et il a répandu sur nous l'Esprit-Saint."

Dans sa première lettre, Saint Pierre rappelle aux disciples que c'est par le sang précieux de Jésus qu'ils ont été rachetés. Il les invite à vivre dans la foi et l'espérance.

Deux disciples quittent Jérusalem le dimanche, découragés par la mort de Jésus, et troublés par les rumeurs de sa résurrection. Et voilà que celui-ci s'approche, et marche avec eux; mais ils ne le reconnaissent pas. A la halte le soir, ils le reconnaîtront, à sa façon de partager le pain.

# 4° dimanche de Pâques - A

3 mai 2020 - 30 avril 2023

| | |
|---|---|
| Ac 2 | Convertissez-vous, et que chacun soit baptisé ! |
| 1 P 2 | Vous étiez errants comme des brebis |
| Jn 10 | Je suis la porte des brebis |
| *Ps 22* | *Le Seigneur est mon berger* |

La foule qui écoute Saint Pierre, le jour de la Pentecôte, lui demande: "Que devons-nous faire?" Il répond: "Que chacun de vous soit baptisé au nom de Jésus-Christ! Vous recevrez alors le don du Saint-Esprit."

"Le Christ, dit Saint Pierre dans sa première lettre, nous a laissé un modèle, pour que nous suivions ses traces. Insulté, il ne rendait pas l'insulte; il s'abandonnait à Celui qui juge avec justice."

Jésus nous dit qu'il est le bon pasteur. Il marche à la tête des brebis, et celles-ci le suivent. Dans une autre comparaison, Jésus dit qu'il est la porte, par laquelle les hommes peuvent entrer, et trouver le salut.

# 5° dimanche de Pâques - A

10 mai 2020 - 7 mai 2023

| | |
|---|---|
| Ac 6 | Désignation de 7 diacres |
| 1 P 2 | Vous êtes un peuple destiné au salut |
| Jn 14 | Je suis le chemin, la vérité, la vie |
| Ps 32 | *Elle est droite, la parole du Seigneur* |

Parmi les premiers chrétiens, certains parlent hébreu, et les autres parlent grec. Les Apôtres proposent que l'on choisisse sept de ces derniers, en les désignant sous le nom de diacres, pour s'occuper des questions matérielles.

Saint Pierre nous dit que nous sommes des pierres vivantes, pour la construction de la demeure spirituelle qu'est l'Eglise, et pour "annoncer les merveilles de Celui qui nous a appelés à son admirable lumière".

Dans son long discours avant la passion, dans l'évangile de Jean, Jésus parle de son départ: "Je vais vous préparer une place". Et il dit aussi: "Je suis dans le Père, et le Père est en moi".

# 6° dimanche de Pâques - A

17 mai 2020 - 14 mai 2023

Ac 8   Les apôtres vont en Samarie
1 P 3   Soyez prêts à rendre raison de votre espérance
Jn 14   Le monde ne me verra plus, mais vous, vous me verrez
*Ps 65 Toute la terre se prosterne devant toi*

Le diacre Philippe est allé en Samarie, où il a fait beaucoup de miracles et beaucoup baptisé. Les apôtres Pierre et Jean s'y rendent à leur tour; ils imposent les mains aux baptisés, qui reçoivent alors l'Esprit Saint.

"Témoignez de votre foi avec douceur et respect" nous dit Saint Pierre. "Il vaut mieux souffrir en faisant le bien qu'en faisant le mal... Car le Christ, lui aussi, a souffert".

Jésus parle à ses disciples: "Le Père vous donnera l'Esprit de vérité, Esprit que le monde ne peut pas recevoir, car il ne le voit pas et ne le connaît pas".

# Ascension du Seigneur - A

21 mai 2020 - 18 mai 2023

Ac 1    L'Ascension du Seigneur
Eph 1   Il a tout mis sous ses pieds
Mt 28   Allez! De toutes les nations faites des disciples !
*Ps 46*   *Dieu s'élève parmi les ovations*

Après sa résurrection, Jésus donne à ses apôtres ses dernières recommandations, et leur annonce la venue de l'Esprit Saint. Puis il s'élève et disparaît dans une nuée.

Dieu le Père, nous dit Saint Paul, a fait asseoir Jésus à sa droite dans les cieux. Il a tout mis sous ses pieds. Il a fait de lui la tête de l'Eglise, qui est son corps.

Jésus se montre à ses disciples, en Galilée. "Tout pouvoir m'a été donné, leur dit-il. Allez, et faites des disciples de toutes les nations. Je suis avec vous jusqu'à la fin du monde."

# 7° dimanche de Pâques - A

24 mai 2020 - 21 mai 2023

| | |
|---|---|
| Ac 1 | Les apôtres, assidus à la prière |
| 1 P 4 | Si l'on vous insulte, heureux êtes-vous |
| Jn 17 | Prière de Jésus à son Père |
| *Ps 26* | *Le Seigneur est ma lumière et mon salut* |

Jésus vient de partir au ciel; les apôtres retournent à Jérusalem, dans la chambre haute où ils se réunissent, avec Marie, mère de Jésus, et avec ses frères.

Réjouissez-vous, nous dit Saint Pierre, si on vous insulte parce que vous êtes chrétiens! N'ayez pas honte, et rendez gloire à Dieu. L'Esprit de Dieu repose sur vous.

A la fin de son dernier discours aux apôtres, dans l'évangile de Jean, Jésus se tourne vers son Père; il lui confie ses disciples, et prie pour eux. "Ils ont gardé ta parole, et ils ont cru que tu m'as envoyé. Je suis glorifié en eux."

# Pentecôte - A

31 mai 2020 - 28 mai 2023

| | |
|---|---|
| Ac 2 | Chacun les entend parler dans sa langue maternelle |
| 1 Co 12 | Les dons de la grâce sont variés, mais c'est le même Esprit. |
| Jn 20 | Il souffla sur eux: "Recevez l'Esprit Saint" |
| *Ps 103* | *Tu envoies ton souffle, ils sont créés* |

Les Actes des Apôtres racontent la venue de l'Esprit Saint, le jour de la Pentecôte: une langue de feu se pose sur chacun de ceux qui sont présents; et tous se mettent à s'exprimer selon le don de l'Esprit.

L'Esprit Saint, nous dit Saint Paul, donne à chacun des dons différents; mais c'est le même Dieu qui agit en tous. Nous avons été baptisés pour former un seul corps, l'Eglise.

Jésus, ressuscité, se montre aux apôtres. L'évangile de Jean nous rapporte une scène particulière: Jésus souffle sur les apôtres, et leur dit "Recevez l'Esprit Saint!" Puis il ajoute: "Les péchés seront remis à ceux à qui vous les remettrez."

## La Sainte Trinité - A

7 juin 2020 - 4 juin 2023

Ex 34 Le Seigneur descendit auprès de Moïse et proclama son nom
2 Co 13 Salutation trinitaire: "Que la grâce du Seigneur..."
Jn 3 Dieu a tellement aimé le monde...
*Ct Dn A toi, louange et gloire éternellement*

Moïse monte sur le Sinaï, comme Dieu le lui a ordonné. Le Seigneur vient à sa rencontre et proclame: "Je suis Le Seigneur, tendre et miséricordieux, lent à la colère, et plein d'amour".

"Soyez dans la joie! dit Saint Paul en conclusion de sa deuxième lettre aux Corinthiens. Vivez en paix! Et le Dieu d'amour et de paix, le Père, le Fils et le Saint Esprit, sera avec vous."

Nicodème, un notable juif, vient trouver Jésus, qui lui dit: "Dieu a envoyé son Fils dans le monde pour que le monde soit sauvé; pour que ceux qui croient en lui aient la vie éternelle."

# Le Corps et le Sang du Christ - A

14 juin 2020 - 11 juin 2023

| | |
|---|---|
| Dt 8 | Il t'a donné à manger la manne |
| 1 Co 10 | Nous avons tous part à un seul pain |
| Jn 6 | Je suis le pain vivant descendu du ciel |
| *Ps 147* | *D'un pain de froment te rassasie* |

Moïse rappelle aux Hébreux la façon dont Dieu les a conduits à travers le désert, et la manne qu'il leur a donnée, afin de découvrir que l'homme ne vit pas seulement de pain ...

Nous sommes un seul corps, nous dit Saint Paul; nous partageons le même pain, et buvons à la même coupe.

Si vous ne mangez pas la chair du Fils de l'homme, nous dit Jésus, vous n'aurez pas la vie en vous.

# 11° dimanche - A

18 juin 2023

| | |
|---|---|
| Ex 19 | Vous serez pour moi un royaume de prêtres |
| Rm 5 | Le sang du Christ nous a fait devenir des justes |
| Mt 9-10 | Le choix des douze apôtres |
| *Ps 99* | *Tu nous guideras aux sentiers de vie* |

Dieu s'adresse à Moïse au Sinaï. "Tu diras aux fils d'Israël: Ecoutez ma voix, gardez mon alliance; et vous serez mon domaine particulier parmi tous les peuples, une nation sainte."

Le Christ est mort pour nous, rappelle la lettre aux Romains; il nous a fait devenir des justes. Et nous mettons notre fierté en Dieu.

Jésus, dans l'évangile de Matthieu, choisit ses douze apôtres, et les envoie en mission: proclamez que le royaume des Cieux est proche; guérissez les malades, expulsez les démons.

*A partir de ce dimanche, la liturgie nous propose, pour l'évangile, une lecture suivie - avec quelques interruptions - de passages de l'évangile de Matthieu, depuis Matthieu 9 (ce dimanche) jusqu'à Matthieu 25 (33° dimanche).*

*De même nous lirons pendant plusieurs dimanches la lettre aux Romains, et ensuite la lettre aux Philippiens.*

## 12° dimanche - A

21 juin 2020 - 25 juin 2023

Jr 20 Le Seigneur est avec moi, tel un guerrier redoutable
Rm 5 La grâce de Dieu s'est répandue en abondance
Mt 10 Rien n'est voilé qui ne sera dévoilé
*Ps 68 Vie et joie, à vous qui cherchez Dieu!*

Le prophète Jérémie est en butte aux persécutions de ses adversaires. Mais il a confiance: "Le Seigneur est avec moi; mes persécuteurs trébucheront. Leur défaite les couvrira de honte."

Par un seul homme, Jésus-Christ, la grâce de Dieu s'est répandue en abondance sur la multitude.

"Ne craignez pas les hommes" nous dit Jésus. "Soyez sans crainte! Quiconque se déclarera pour moi devant les hommes, je me déclarerai pour lui devant mon Père qui est aux cieux."

**Pré - Lectures**

# 13° dimanche - A

28 juin 2020 - 2 juillet 2023

    2 R 4   Celui qui s'arrête chez nous est un homme de Dieu
    Rm 6   Vous êtes morts au péché
    Mt 10   Qui vous accueille m'accueille
    *Ps 88   Ta fidélité, je l'annonce d'âge en âge*

Le prophète Elisée est accueilli, au cours de ses voyages, par un couple qui n'a pas d'enfants. Il leur annonce qu'ils auront un fils.

Nous avons été unis au Christ par le baptême, pour mener avec lui une vie nouvelle. Nous sommes morts au péché, et vivants pour Dieu.

Celui qui a perdu sa vie à cause de moi, nous dit Jésus, la gardera. Qui m'accueille, accueille celui qui m'a envoyé.

## 14° dimanche - A

5 juillet 2020 - 9 juillet 2023

| | |
|---|---|
| Za 9 | Voici ton roi qui vient à toi |
| Rm 8 | L'Esprit de Dieu habite en vous |
| Mt 11 | Venez à moi, vous tous qui peinez |
| *Ps 144* | *Le Seigneur est vrai en tout ce qu'il dit* |

Le prophète Zacharie annonce la venue d'un roi, monté sur un ânon. Il proclamera la paix aux nations. "Pousse des cris de joie, fille de Jérusalem!"

Si l'Esprit habite en vous, nous dit Saint Paul, vous n'êtes pas sous l'emprise de la chair. Tuez, en vous, les agissements de l'homme pécheur!

Jésus prie son Père, dans une louange: "Ce que tu as caché aux savants, tu l'as révélé aux tout-petits." Il dit aussi: "Venez à moi, vous tous qui peinez, et je vous procurerai le repos."

## 15° dimanche - A

12 juillet 2020 - 16 juillet 2023

Is 55   Ma parole ne me reviendra pas sans résultat
Rm 8   Nous avons commencé à recevoir l'Esprit Saint
Mt 13   Le semeur est sorti pour semer
*Ps 64   Tu visites la terre et tu l'abreuves*

Comme la pluie fait germer la semence, ainsi ma Parole, dit le Seigneur, ne me reviendra pas sans résultat; sans avoir accompli sa mission.

Les souffrances du temps présent, nous dit Saint Paul, ne peuvent pas se comparer à la gloire qui va être révélée pour nous: et la création toute entière, elle aussi, gémit, dans l'attente de sa libération.

Jésus nous propose la parabole du semeur: les grains tombent, les uns sur le bord du chemin, d'autres sur la pierre; d'autres enfin sur la bonne terre. Ces derniers donnent seuls du fruit de façon durable.

# 16° dimanche - A

19 juillet 2020 - 23 juillet 2023

Sg 12-13 Tu juges avec indulgence
Rm 8 L'Esprit Saint vient au secours de notre faiblesse
Mt 13 Un homme a semé du bon grain dans son champ
*Ps 85 Entends ma voix qui te supplie*

Toi, notre Dieu, tu prends soin de toutes choses, dit le livre de la Sagesse. Tu juges avec indulgence. Tu nous enseignes que le juste doit être humain.

Nous ne savons pas prier comme il faut, nous dit Saint Paul: mais l'Esprit Saint vient au secours de notre faiblesse.

Jésus raconte la parabole du champ ensemencé de bon grain, dans lequel un ennemi a semé, la nuit, une plante nuisible. Laissez les pousser ensemble, dit le maître. Au temps de la moisson nous lierons la mauvaise plante en bottes, pour la brûler.

# 17° dimanche - A

26 juillet 2020 - 30 juillet 2023

| | |
|---|---|
| 1 R 3 | Le Seigneur apparaît en songe à Salomon |
| Rm 8 | Dieu fait tout contribuer au bien de ceux qui l'aiment |
| Mt 13 | Le royaume est comparable à un trésor |
| *Ps 118* | *J'aime tes volontés* |

Salomon demande au Seigneur la sagesse, et un coeur attentif. Cette demande plaît à Dieu.

Jésus est le premier né d'une multitude de frères, nous dit Saint Paul. Dieu nous a destinés à être configurés à l'image de son Fils. Il nous appelle, selon le dessein de son amour.

Le royaume des cieux est semblable à un trésor caché, ou à une perle rare. Ceux qui les trouvent vendent tout ce qu'il possèdent, pour les acquérir.

# 18° dimanche - A

2 août 2020

Is 55   Vous tous qui avez soif, venez !
Rm 8    Rien ne peut nous séparer de l'amour du Christ
Mt 14   Première multiplication des pains
*Ps 144  Tu leur donne la nourriture au temps voulu*

Prêtez l'oreille! Ecoutez! nous dit le Seigneur, par la bouche du prophète Isaïe. Pourquoi vous fatiguer pour ce qui ne rassasie pas? Venez à moi !

Qui pourrait nous séparer de l'amour du Christ? demande Saint Paul: rien! Nous sommes vainqueurs en tout, grâce à celui qui nous a aimés.

Une grande foule a suivi Jésus au désert. Ils n'ont rien à manger. Jésus dit aux disciples: "Donnez-leur vous-mêmes à manger". Avec cinq pains et deux poissons, Jésus nourrit alors tous ceux qui sont là.

# Transfiguration du Seigneur - A

6 août 2023

Dn 7   Je voyais venir comme un fils d'homme
2 P 1  Cette voix, nous l'avons nous-mêmes entendue
Mt 17  Il fut transfiguré devant eux
*Ps 96  Le Seigneur est roi*

Le prophète Daniel, dans une vision, voit venir, auprès de Dieu, comme un fils d'homme. Il lui est donné toute royauté, sur tous les peuples. Sa royauté ne sera jamais détruite.

Saint Pierre, dans sa deuxième lettre, rappelle qu'il a été le témoin de la transfiguration de Jésus, et de la voix qui disait: "Celui-ci est mon fils bien-aimé".

Jésus monte sur une haute montagne, avec Pierre, Jacques et Jean. Il est transfiguré devant eux, devenant brillant comme le soleil. Moïse et Elie apparaissent, s'entretenant avec lui.

# 19° dimanche - A

9 août 2020 - 13 août 2023

    1 R 19    Le Seigneur n'était pas dans l'ouragan
    Rm 9     J'ai une grande tristesse pour mes frères de race
    Mt 14    C'est moi, n'ayez pas peur !
    *Ps 84*    *Amour et vérité se rencontrent*

Le prophète Elie est à la montagne de l'Horeb. Dieu lui annonce qu'il va passer. Il y a d'abord un ouragan, puis un feu, et enfin une brise légère.

Saint Paul, dans la lettre aux Romains, parle du peuple juif, et a une grande tristesse dans son coeur, parce qu'ils n'ont pas reconnu Jésus comme le messie attendu.

Les disciples de Jésus sont partis dans leur barque. Lui est resté sur le rivage. Mais dans la nuit, il vient vers eux, en marchant sur les eaux.

# Assomption de la Vierge Marie

15 août

| | |
|---|---|
| Ap 11 | Un grand signe apparut dans le ciel |
| 1 Co 15 | Le Christ est le premier ressuscité |
| Lc 1 | Magnificat |
| *Ps 44* | *Ecoute, ma fille, tends l'oreille* |

Le livre de l'Apocalypse nous montre, dans le ciel, une femme couronnée d'étoiles. Elle met au monde un fils, qui est enlevé auprès de Dieu.

Le Christ est ressuscité d'entre les morts pour donner la vie à tous les hommes. Tout sera accompli lorsque le Christ aura mis sous ses pieds tous ses ennemis.

La Vierge Marie se rend chez sa cousine Elisabeth, qui comprend qu'elle porte le Messie. Et Marie dit alors les paroles du Magnificat: "Mon âme exalte le Seigneur!"

## 20° dimanche - A

16 août 2020 - 20 août 2023

Is 56 Ma maison s'appellera "Maison de prière pour tous les peuples"
Rm 11 Dans l'espoir d'en sauver quelques uns...
Mt 15 "Les chiens mangent les miettes qui tombent de la table"
*Ps 66 Que ton visage s'illumine pour nous*

Le prophète Isaïe (1) annonce qu'à l'avenir des étrangers seront admis à prier dans la maison du Seigneur, qui sera appelée "Maison de prière pour tous les peuples".

"Je suis apôtre pour les nations païennes", nous dit Saint Paul, "mais avec l'espoir, aussi, de rendre jaloux mes frères juifs, et ainsi d'en sauver quelques uns".

Une femme étrangère, Cananéenne, demande à Jésus de guérir sa fille. Il répond qu'il n'a été envoyé qu'aux brebis perdues de la maison d'Israël. Mais elle arrive à le convaincre!

---
*(1) Il s'agit ici de la troisième partie du livre d'Isaïe, après le retour de l'Exil à Babylone.*

## 21° dimanche - A

23 août 2020 - 27 août 2023

Is 22  "S'il ouvre, personne ne fermera"
Rm 11  Tout est de lui, par lui et pour lui
Mt 16  Pour vous, qui suis-je?
*Ps 137  Je te chante en présence des anges*

Le Seigneur, par la bouche d'Isaïe, annonce un roi futur, dont les décisions seront justes. Il sera "un trône de gloire".

"Les chemins de Dieu sont impénétrables", nous dit Saint Paul. "Qui a connu la pensée du Seigneur? A lui la gloire, pour l'éternité!"

Jésus demande à ses disciples: "Pour vous, qui suis-je?" Et Pierre répond: "Tu es le Christ, le Messie! Le fils du Dieu vivant!"

## 22° dimanche - A

30 août 2020 - 3 septembre 2023

| | |
|---|---|
| Jr 20 | Tu m'as séduit et j'ai été séduit |
| Rm 12 | Renouvelez votre façon de penser |
| Mt 16 | Qui veut sauver sa vie la perdra |
| *Ps 62* | *Je te cherche dès l'aube* |

Jérémie se plaint: la parole du Seigneur attire sur lui l'insulte et la moquerie. "Je me disais: je ne dirai plus sa parole. Mais elle était comme un feu brûlant dans mon coeur".

"Ne prenez pas modèle sur le monde présent", nous dit Saint Paul. "Transformez-vous! Et discernez quelle est la volonté de Dieu!"

Jésus annonce à ses disciples sa passion, sa mort et sa résurrection. Pierre lui dit: "Cela ne t'arrivera pas!" Jésus répond alors: "Passe derrière moi, Satan!"

# 23° dimanche - A

6 septembre 2020 - 10 septembre 2023

Ez 33  Je fais de toi un guetteur
Rm 13  Celui qui aime les autres a pleinement accompli la loi
Mt 18  Ce que vous aurez lié sur la terre sera lié dans le ciel
*Ps 94  Crions de joie pour le Seigneur*

Dieu a chargé Ezéchiel de transmettre ses avertissements à ceux qui agissent mal, en Israël. Mais attention! Si Ezéchiel ne transmet pas ces avertissements, lui aussi devra rendre des comptes!

"Tous les commandements, nous dit Saint Paul, se résument dans cette parole: "Tu aimeras ton prochain comme toi-même". Le plein accomplissement de la Loi, c'est l'amour.

"Si ton frère a commis un péché contre toi, nous dit Jésus, va lui faire des reproches seul à seul. S'il ne t'écoute pas, prends avec toi deux ou trois témoins."

# 24° dimanche - A

13 septembre 2020 - 17 septembre 2023

Si 27   Qui se venge éprouvera la vengeance du Seigneur
Rm 14  Nous appartenons au Seigneur
Mt 18  Combien de fois dois-je pardonner?
*Ps 102  N'oublie aucun de ses bienfaits !*

"Pardonne à ton prochain le tort qu'il t'a fait", nous dit le livre de Ben Sira. "Si un homme n'a pas de pitié pour son semblable, comment peut-il demander à Dieu d'avoir pitié de lui?"

Saint Paul décrit l'idéal du chrétien, qui fait tout pour le Seigneur. Dans notre vie comme dans notre mort, nous appartenons en effet au Seigneur.

Il faut pardonner jusqu'à soixante-dix fois sept fois, nous dit Jésus. Et il raconte l'histoire du débiteur impitoyable, qui n'a pas pitié d'un de ses compagnons.

## 25° dimanche - A

20 septembre 2020 - 24 septembre 2023

    Is 55    Mes pensées ne sont pas vos pensées
    Ph 1    Pour moi, vivre c'est le Christ
    Mt 20   Les ouvriers de la onzième heure
    *Ps 144  Le Seigneur est tendresse et pitié*

"Cherchez le Seigneur tant qu'il se laisse trouver" nous dit le prophète Isaïe. Notre Seigneur est riche en miséricorde, et nous montrera son pardon.

Dans la lettre aux Philippiens, Saint Paul dit qu'il aimerait mourir, pour être avec le Christ; mais il espère, en restant dans le monde, faire un travail utile pour l'Eglise.

Jésus compare le royaume des cieux au maître d'un domaine, qui donne la même rémunération à ceux qui n'ont travaillé qu'une heure et à ceux qui ont enduré la chaleur du jour. "*C'est ainsi,* ajoute Jésus, que les derniers seront premiers, et les premiers, derniers".

# 26° dimanche - A

27 septembre 2020 - 1° octobre 2023

Ez 18 Si le juste commet le mal, il mourra
Ph 2 Ayez en vous les dispositions qui sont dans le Christ
Mt 21 Mon enfant, va travailler à ma vigne
*Ps 24 Dirige-moi par ta vérité*

Si le méchant se détourne de sa méchanceté, nous dit le Seigneur, il sauvera sa vie: il a ouvert les yeux, et s'est détourné de ses crimes.

Saint Paul demande aux Philippiens de vivre en communion entre eux, dans l'Esprit; de rechercher l'unité. D'avoir assez d'humilité pour estimer les autres supérieurs à soi.

Jésus raconte la parabole des deux fils, qu'un homme envoie travailler à sa vigne. L'un dit "non", puis se repent, et y va; l'autre dit "oui", et n'y va pas. Lequel a fait la volonté de son Père?

# 27° dimanche - A

4 octobre 2020 - 8 octobre 2023

Is 5    Mon bien-aimé possédait une vigne
Ph 4    Ne soyez inquiets de rien
Mt 21   Les vignerons homicides
*Ps 79  Visite cette vigne, protège la!*

Isaïe raconte, sous la forme d'une parabole, les relations entre Dieu et Israël: "Pouvais-je faire pour Israël plus que je n'ai fait? Pourquoi ma vigne a-t-elle donné de mauvais raisins? "

Saint Paul invite les Philippiens à prier sans cesse: à supplier, mais aussi à rendre grâce. Alors la paix de Dieu, qui dépasse tout ce qu'on peut concevoir, gardera leurs coeurs.

Jésus raconte l'histoire dramatique des serviteurs qu'un maître envoie auprès de ses vignerons, pour se faire remettre son dû. Ceux-ci les frappent, et les tuent. Le maître se dit alors: "Je vais envoyer mon propre fils; ils le respecteront..."

# 28° dimanche - A

11 octobre 2020 - 15 octobre 2023

| | |
|---|---|
| Is 25 | Il fera disparaître la mort pour toujours |
| Ph 4 | Je peux tout en celui qui me donne la force |
| Mt 22 | Les invités à la noce |
| *Ps 22* | *Le Seigneur est mon berger* |

Isaïe annonce des temps messianiques: le Seigneur essuiera les larmes de tous les visages. Il préparera pour tous les peuples un festin.

Saint Paul remercie les Philippiens de leur aide: je sais, explique-t-il, vivre de peu, ou souffrir de la faim. Je peux tout en celui qui me donne la force.

Le royaume des cieux, dit Jésus, est semblable au banquet de noces qu'un roi organise pour son fils. Mais les invités refusent de venir. Le roi se met en colère. Et il invite tous ceux qui se trouvent aux croisées des chemins, les mauvais comme les bons.

# 29° dimanche - A

18 octobre 2020 - 22 octobre 2023

```
Is 45    Le Seigneur parle de Cyrus
1 Th 1   Nous rendons grâce à Dieu au sujet de vous tous
Mt 22    Est-il permis de payer l'impôt à César?
Ps 95    Chantez au Seigneur un chant nouveau
```

Le Seigneur, par la bouche d'Isaïe, célèbre la victoire de Cyrus contre les Babyloniens. Grâce à lui les juifs vont pouvoir retourner en Israël. C'est moi, dit Dieu, qui ai décidé cela!

Saint Paul écrit aux chrétiens de Thessalonique. C'est sa lettre la plus ancienne. Il se réjouit de leur foi, de leur espérance, et de leur charité.

Les pharisiens et les partisans d'Hérode demandent à Jésus: "Est-il permis de payer l'impôt à César?" - "Hypocrites", leur répond Jésus, à qui ils ont montré une pièce d'un denier: "Rendez à César ce qui est à César!"

# 30° dimanche - A

25 octobre 2020 - 29 octobre 2023

| | |
|---|---|
| Ex 22 | Tu n'exploiteras pas l'immigré |
| 1 Th 1 | Vous vous êtes convertis à Dieu |
| Mt 22 | Quel est le plus grand commandement? |
| *Ps 17* | *Je t'aime Seigneur ma force* |

Dieu donne aux Hébreux, au Sinaï, le texte de la Loi, qui dit notamment: "Tu n'opprimeras pas l'immigré, car tu as toi-même été immigré, au pays d'Egypte".

Saint Paul se réjouit de la foi des chrétiens de Thessalonique, qui sont devenus un modèle pour tous les croyants, en se détournant des idoles pour accueillir la foi en Jésus-Christ.

Un docteur de la Loi demande: "Quel est le grand commandement?" Jésus répond en citant deux commandements: aimer Dieu; aimer son prochain.

# Tous les Saints

1° novembre

Ap 7   Une foule de toutes nations, tribus et peuples
1 Jn 3  Voyez quel grand amour nous a donné le Père
Mt 5   Les Béatitudes
*Ps 23  Qui peut gravir la montagne du Seigneur*

Le livre de l'Apocalypse décrit une foule immense, de toutes nations, devant le trône où siègent Dieu et l'Agneau. Tous sont vêtus de robes blanches. Ils viennent de la grande épreuve, et ont été sauvés par le sang de l'agneau.

"Nous sommes enfants de Dieu", nous dit Saint Jean. Le monde ne nous connaît pas, parce qu'il ne connaît pas Dieu.

Les Béatitudes, dans l'évangile de Matthieu, s'adressent aux pauvres de coeur, et à ceux qui ont faim et soif de justice. Et Jésus ajoute: "Heureux êtes-vous si l'on vous persécute à cause de moi".

# 31° dimanche - A

5 novembre 2023

Ml 1-2   Avertissement aux prêtres
1 Th 2   Vous avez accueilli la parole de Dieu
Mt 23   Le plus grand parmi vous sera votre serviteur
*Ps 130   Mon âme est en moi comme un enfant*

Par la bouche du prophète Malachie, Dieu critique les prêtres du Temple, qui ont fait de la Loi une occasion de chute pour la multitude, et n'ont pas gardé les chemins du Seigneur.

Saint Paul dit aux chrétiens de Thessalonique combien il rend grâce à Dieu à leur sujet: "Vous avez accueilli la Parole que je vous transmettais, non comme la parole d'un homme, mais comme ce qu'elle est, c'est à dire la Parole de Dieu."

"Qui s'élève sera abaissé, nous dit Jésus. Et qui s'abaisse sera élevé". "Ne vous faites pas donner le titre de maître, car vous n'avez qu'un seul maître pour vous enseigner, et vous êtes tous frères."

# 32° dimanche - A

8 novembre 2020 - 12 novembre 2023

Sg 6 La Sagesse se laisse contempler par ceux qui l'aiment
1 Th 4 Ceux qui se sont endormis, Dieu le emmènera avec lui
Mt 25 Les vierges sages et les vierges folles
*Ps 62 Mon âme a soif de toi*

La première lecture nous propose une réflexion sur la Sagesse. Elle se laisse trouver par ceux qui la cherchent. Celui qui veille à cause d'elle sera bientôt délivré du souci.

"Nous ne sommes pas comme ceux qui n'ont pas d'espérance, dit Saint Paul aux chrétiens de Thessalonique. Nous croyons que les morts ressusciteront, et que Jésus les emmènera dans sa gloire."

"Veillez, nous dit Jésus, car vous ne savez ni le jour ni l'heure." Et il raconte l'histoire de dix jeunes filles, qui ont une lampe à huile, pour aller à la rencontre de l'époux.

**Pré - Lectures**

## 33° dimanche - A

15 novembre 2020 - 19 novembre 2023

Pr 31     Célébrez la femme parfaite !
1 Th 5    Le jour du Seigneur vient comme un voleur
Mt 25    La parabole des talents
*Ps 127*    *Heureux qui craint le Seigneur*

Le livre des Proverbes fait l'éloge de la femme parfaite, qui craint le Seigneur. Elle est plus précieuse que les perles.

Saint Paul parle aux chrétiens de Thessalonique du retour glorieux du Christ, à la fin des temps, qu'il suppose proche. Soyons vigilants, leur dit-il !

Jésus raconte l'histoire d'un maître qui confie de l'argent à trois serviteurs, et part en voyage. A son retour il félicite ceux qui ont fait fructifier leur argent. Mais le troisième a pris peur, et n'a rien fait...

# Le Christ Roi de l'Univers - A

22 novembre 2020 - 26 novembre 2023

| | |
|---|---|
| Ez 34 | La brebis perdue je la chercherai |
| 1 Co 15 | C'est dans le Christ que tous recevront la vie |
| Mt 25 | Le jugement dernier |
| *Ps 22* | *Le Seigneur est mon berger* |

Je m'occuperai moi-même de mes brebis, dit le Seigneur, par le prophète Ezéchiel. Je ferai paître mon troupeau, et c'est moi qui le ferai reposer.

Saint Paul décrit la résurrection finale, où le Christ redonnera la vie à tous ceux qui lui appartiennent. Dieu mettra sous ses pieds tous ses ennemis. Et le dernier ennemi qui sera anéanti, c'est la mort.

Dans l'évangile de Matthieu, Jésus décrit le jugement dernier. Tous les hommes comparaîtront devant lui. Il dira aux uns: "J'ai eu faim, et vous m'avez donné à manger". Et aux autres: "Chaque fois que vous ne l'avez pas fait pour l'un de ces petits qui sont mes frères, c'est à moi que vous ne l'avez pas fait."

## Version électronique de ce livre

Ce livre est également disponible en version électronique, au prix de **1 euro...**

N'hésitez pas à vous procurer cette version (Epub ou Kindle): vous pourrez ainsi faire des recherches dans le texte !

L'achat en est possible notamment sur le site des éditions Bod: Bod.fr

## Version web

Les pré-lectures constituant ce livre sont également disponibles sur le site web http://www.plestang.com, sous deux versions:

- Une version texte (.doc) facile à copier et à utiliser, pour l'insérer en tout ou partie dans votre feuille de messe ou votre feuille paroissiale, en la modifiant ou en l'adaptant selon votre idée.

- Une version pdf *consultable en ligne*, et dont la mise en page soignée permet aussi une impression telle quelle, par exemple pour lecture au micro.

# Exemple d'insertion partielle dans une feuille de l'assemblée

**(Sainte Marie, mère de Dieu - Extrait)**

( ... )

1° LECTURE
    Nb 6    Que le Seigneur te bénisse et te garde
*Cette bénédiction peut être utilisée par les chrétiens comme par les juifs.*

PSAUME
    Dieu, notre Dieu, nous bénit

2° LECTURE
    Gal 4    Dieu a envoyé son fils, né d'une femme
*Dieu nous a tous adoptés comme ses fils; il a mis dans nos coeurs l'Esprit de son fils.*

EVANGILE
    Lc 2    Le 8° jour l'enfant reçut le nom de Jésus
*Les bergers découvrent le nouveau-né, couché dans une mangeoire.*

PRIÈRE UNIVERSELLE
Pour ...

―――

## Remerciements

Merci à ma femme Catherine Lestang, auteure de la série de livres de réflexion biblique "Porteuse d'eau", pour ses remarques et suggestions.

Le calendrier liturgique d'aujourd'hui à 2060, publié par Port Saint Nicolas, m'a été d'un secours précieux: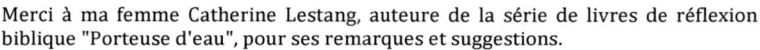

Photo de couverture:

Eglise Saint Pierre, Saint-Pierre du Perray (91)

Les livres édités par BoD peuvent être commandés
dans toutes les bonnes librairies,
et peuvent être achetés sur les grands sites de vente en ligne.

© 2018 Philippe Lestang
Edition: BoD - Books on Demand
12/14 rond-point des Champs-Elysées, 75008 Paris
Impression: BoD - Books on Demand, Norderstedt, Allemagne
ISBN 978-2322-1447-23
Dépôt légal: Juin 2018